T0101306

Perfil de tres Monarcas

de tres

SAÚL, DAVID Y ABSALÓN

GENE EDWARDS

Vida

Dedicados a la excelencia

©1986 EDITORIAL VIDA
Miami, Florida Rediseñado 2004

Publicado en inglés bajo el título:
A Tale of Three Kings Por Christian Books
© 1980 por *Gene Edwards*

Diseño interior: *Grupo Nivel Uno Inc.*

Diseño de cubierta: *Grupo Nivel Uno Inc.*

ISBN: 978-0-8297-4356-2

Categoría: *Vida cristiana /Liderazgo*

Impreso en Estados Unidos de América
Printed in the United States of America

23 24 25 26 27 LBC 44 43 42 41 40

Dedicatoria

A los cristianos quebrantados de corazón que escapan de grupos autoritarios en busca de consuelo, salud y esperanza. Dios quiera que se recobren y prosigan con él, que es la libertad genuina.

A los cristianos que han sufrido, o que sufren, la experiencia desconsoladora de la división entre los hermanos. Que esta historia les dé luz y consuelo. Dios quiera que también se recobren y prosigan con él, que es la verdadera paz.

Y quiera Dios que sean sanados de un modo tan absoluto que puedan responder al llamamiento de aquel que todo lo pide porque él lo es todo.

«Ellos establecieron reyes,
pero no escogidos por mí;
construyeron príncipes,
mas yo no lo supe...»
Oseas 8:4

Querido lector:

Es un placer y un privilegio pasar este tiempo con usted. Gracias por su compañía. Le sugiero que nos apresuremos a entrar al teatro porque veo que ya están apagando las luces.

Hay dos localidades no lejos del escenario reservadas para nosotros. Sentémonos en seguida.

Tengo entendido que la trama es del género dramático. Espero, sin embargo, que no la encuentre demasiado triste.

Creo que la historia se divide en dos partes. En la primera se presenta a un rey anciano llamado Saúl y a un pastorcito llamado David. En la segunda aparece de nuevo un rey anciano y un joven. Pero esta vez el rey anciano es David y el joven es Absalón.

El argumento es una descripción gráfica —un boceto al carbón, si usted prefiere— de la obediencia y la autoridad en el reino de Dios.

Han apagado las luces; los actores están en sus puestos. El público ha guardado silencio. Ya sube el telón.

Ha comenzado nuestra historia.

Prólogo

El Dios vivo y omnipotente se dirigió a Gabriel y le habló de este modo:

—Toma estas dos partes de mi ser. Hay dos hombres que esperan su destino. Ve y entrega a cada uno de ellos una porción de mí mismo.

Con dos luces de vida radiante que palpitaban en sus manos, Gabriel abrió la puerta del reino que separaba a los dos mundos y se perdió de vista. Había entrado en la galería de las generaciones futuras.

—Tengo aquí dos porciones de la naturaleza de Dios. La primera es del mismo género de su naturaleza. Quien se cubre con ella es investido con el aliento de Dios. Su mismo aliento lo rodea como las aguas alrededor del que se zambulle en el mar. Con esto —el aliento que enviste— tendrá el poder del Altísimo para dominar ejércitos, avergonzar a los enemigos de Dios y realizar en la tierra su obra. Aquí está el poder de Dios como un don. Aquí esta la inmersión en el Espíritu.

Un hombre dio un paso adelante.

—Esta porción de Dios es para mí.

—Muy bien —respondió el ángel—. Recuerda que quien recibe una porción tan grandiosa como esta será, sin duda, conocido por muchos. Antes que tu peregrinaje terrenal termine, será conocido tu carácter por medio de este poder. Tal es el destino de todos los que están investidos de esta porción y ejercen su poder, porque ella afecta únicamente al hombre exterior, sin afectar un ápice su espíritu. El poder exterior revelará siempre los recursos íntimos del ser o la carencia de ellos.

El primer hombre recibió su porción y dio un paso atrás.

Gabriel habló otra vez.

—Tengo aquí la segunda de las dos porciones del Dios viviente. Este no es un don sino una herencia. Se lleva un don en el hombre exterior; se siembra una herencia —como una semilla— en lo más íntimo del corazón. Sin embargo, aun cuando es una siembra tan insignificante, crece hasta llenar, andando el tiempo, todo el hombre interior.

Otro hombre dio un paso adelante y exclamó:

—Creo que esta porción ha de ser mía durante mi peregrinaje terrenal.

—Muy bien —respondió otra vez el ángel—. Debo decirte que se te ha dado algo glorioso. Es lo único —en todo el universo de Dios y de los ángeles—

que puede cambiar el corazón humano. Sin embargo, ni siquiera este elemento de Dios puede llevar a cabo su tarea ni crecer hasta llenar todo tu ser interior a menos que esté bien combinado. Tiene que ser pródigamente mezclado con quebrantamiento, tristeza y aflicción.

El segundo hombre recibió su porción y dio un paso atrás.

Junto a Gabriel se sentó el ángel Archivero. Debidamente asentó en su libro el registro de los dos hombres.

—¿Qué llegarán a ser estos dos hombres después que hayan pasado la puerta hacia el mundo visible? —preguntó Archivero.

En voz baja respondió Gabriel:

—Cada uno, en su tiempo, será rey.

Capítulo 1

El hijo menor de cualquier familia posee dos rasgos distintivos: Se le considera informal y consentido. Por lo general, se espera poco de él. Inevitablemente, revela menos características de liderazgo que los demás hijos de la familia. Nunca guía, siempre sigue. No tiene a ninguno menor que él con quien ejercer el liderazgo.

Así es hoy y así fue hace tres mil años en un pueblo llamado Belén, en una familia de ocho muchachos. Los primeros siete hijos de Isaí trabajaban cerca de la granja de su padre. El menor era enviado a las montañas para que apacentara el pequeño rebaño de ovejas de la familia.

En aquellos aburridos viajes pastoriles, este hijo menor llevaba dos cosas: una honda y un pequeño instrumento parecido a la guitarra. Es abundante el tiempo libre de un pastor en las mesetas, donde durante muchos días pastan las ovejas en una pradera solitaria. A medida que pasaba el tiempo y los días se convertían en semanas, el joven se sentía muy solo.

La sensación de soledad que lo rodeaba siempre se aumentaba en su alma. Tocaba mucho el arpa. Tenía buena voz, de modo que cantaba con frecuencia. Cuando nada de esto lograba distraerlo, recogía un montón de piedras y las lanzaba, una a una, con su honda hacia un árbol distante como si estuviera en realidad furioso.

Cuando desaparecía un montón de piedras, caminaba hasta el árbol que le había servido de blanco, volvía a reunirlas y designaba a otro enemigo frondoso a una distancia todavía mayor.

Así libraba muchas batallas solitarias como esta.

Este pastor, cantor y hondero también amaba a su Señor. Por la noche, mientas todas sus ovejas dormían, se sentaba a contemplar con fijeza el fuego mortecino: de la hoguera, rasgueaba su arpa y ofrecía un concierto de un solo instrumentista. Cantaba los antiguos himnos de la fe de sus antepasados.

Lloraba mientras cantaba; y a menudo, cuando lloraba, terminaba alabando a
Dios.

Cuando no alababa ni lloraba, vigilaba los corderos y las ovejas. Si no estaba
ocupado con su rebaño tiraba con su afable honda una y otra vez hasta que pudiera decirle a cada piedra exactamente adonde dirigirse.

Una vez, mientras cantaba a todo pulmón a Dios, a los ángeles y a las nubes que pasaban, divisó un enemigo vivo: ¡un enorme oso! Se lanzó adelante. Ambos se encontraron avanzando furiosamente hacia el mismo objetivo: un corderito que pastaba en una alta planicie de exquisito pasto verde. El muchacho y el oso se detuvieron a medio camino y se volvieron con violencia para enfrentarse el uno al otro. Aun cuando instintivamente buscó una piedra en su zurrón, el joven se dio cuenta de que no tenía miedo.

Mientras tanto, lo embistieron las patas peludas, como un potente relámpago pardo con furor espumoso. Impulsado por la fuerza de la juventud, puso la piedra en la honda y pronto un guijarro liso del arroyo silbó en el aire para hacer frente la embestida.

Momentos después, el hombre —no tan joven como minutos antes— recogió al corderito y le dijo:

—Yo soy tu pastor y Dios es el mío.

Y así, a lo largo de la noche, entretejió la leyenda del día hasta convertirla en canción. Lanzó al cielo aquel himno repetidas veces hasta que hubo enseñado la melodía y la letra a cada ángel que tenía oído musical. Ellos, a su vez, se hicieron guardianes de esta canción prodigiosa y la hicieron llegar como bálsamo sanador a los quebrantados de corazón de todos los tiempos.

Capítulo 2

Una figura corría hacia él en la distancia. Crecía a medida que se acercaba. Era su hermano —gritó el hermano—. Corre con todas tus fuerzas. Yo cuidaré del rebaño.

—¿Por qué?

Un anciano, un sabio, está en casa. Quiere conocer a los ocho hijos de Isaí y los ha visto a todos menos a ti.

—¿Pero por qué?

—¡Corre!

David corrió. Se detuvo solo el tiempo suficiente para recobrar el aliento. Después, con el sudor corriendo copiosamente sobre las mejillas bronceadas por el sol, y el rostro enrojecido haciendo juego con su rojizo pelo crespo, entró en la casa de su padre, grabando con sus ojos todo lo que veía.

El hijo menor de Isaí estaba allí de pie, alto y fornido, sobre todo ante los ojos del curioso visitante. La familia casi nunca puede percatarse de cuánto un hombre ha crecido, ni siquiera al mirarlo de frente. El anciano lo notó. Y advirtió también algo más. De algún modo supo lo que Dios sabía.

Dios había hecho una encuesta casa por casa en todo el reino en busca de algo muy especial. Como resultado de esta encuesta, el Dios omnipotente había notado que este trovador, que tiraba piedras con su honda, amaba a su Señor con un corazón más puro que cualquier otro en toda la tierra de Israel.

—Arrodíllate— dijo el barbudo de larga cabellera encanecida.

Se arrodilló casi regiamente, al menos para quien nunca había estado en esa peculiar posición, y sintió que el aceite se derramaba sobre su cabeza. En algún lugar en el archivo de su mente, con el rótulo «datos de la niñez», se rememoraba este pensamiento: «¡Esto es lo que hacen los hombres para investir a un rey! Samuel me está convirtiendo en... ¿qué?»

Las palabras hebreas eran inequívocas. Hasta los niños las sabían.

—¡He aquí el ungido del Señor!

Un día formidable para la vida de un joven, ¿no es verdad? ¿No es entonces extraño que este acontecimiento sumamente notable condujera al joven no al trono, sino a una década de infernal agonía y sufrimiento? Aquel día David fue inscrito no en el linaje de la realeza, sino en la escuela del quebrantamiento.

Samuel se fue a su casa. Todos los hijos de Isaí, excepto uno, se fueron a la guerra. El menor, tierno aún para ir al campo de batalla, recibió, no obstante, un ascenso en la casa de su padre... de pastor a ayudante de camarero. Ahora su nuevo trabajo era llevar alimento a sus hermanos en la línea del frente. Hacía esto con regularidad.

En una de tales visitas al frente de batalla, mató un oso exactamente de la misma manera que lo hizo la primera vez. Sin embargo, este oso tenía una altura de tres metros y era humano. Como resultado de esta proeza extraordinaria, el joven David se vio de pronto convertido en héroe popular.

Por último, se encontró metido en el castillo de un rey loco. Y en circunstancias tan locas como el rey, el joven iba a aprender muchas cosas indispensables.

Capítulo 3

David cantaba con frecuencia para el rey loco. La música era un gran alivio para el anciano, según parece. Cuando David cantaba, todos se detenían en los pasillos del castillo, y escuchaban maravillados las canciones que provenían de la cámara real. ¿Cómo llegó alguien tan joven a poseer letra y música tan maravillosas?

Parecía que la favorita de todos era la canción que compuso cuando salvó de la muerte al corderito. Les encantaba esa canción tanto como a los ángeles.

No obstante, el rey sentía celos porque estaba loco. ¿O sería que estaba loco porque sentía celos? De cualquier modo, el rey se sintió amenazado por David, como sucede a menudo con los reyes cuando por debajo de ellos hay un joven popular y que promete. El rey también sabía, como lo sabía David, que este muchacho tenía la posibilidad de ocupar su puesto. ¿Pero ascendería David al trono por medios fraudulentos o por medios legítimos? Saúl no lo sabía. Este era uno de los interrogantes que enloquecía al rey.

David estaba atrapado en una posición incómoda. Sin embargo, en tales circunstancias pareció captar la interpretación profunda del drama en curso en el que había sido atrapado. Parecía comprender algo que muy pocos de los hombres más sabios de su tiempo comprendieron. Algo que aún en nuestros días, cuando los hombres son todavía más sabios, menos comprenden.

¿Qué era?

Que Dios no tenía, pero ansiaba tener, hombres que vivieran en la aflicción.

Dios quería una vasija rota.

Capítulo 4

El rey loco veía a David como una amenaza para su reino. No comprendía, según parece, que debe permitirse que Dios decida qué reinos perdurarán ante las amenazas. Al no saberlo, Saúl hizo lo que hacen todos los reyes insensatos. Arrojó lanzas a David. Él podía hacerlo. Era el rey. Los reyes pueden hacer tales cosas, y casi siempre las hacen. Los reyes se atribuyen el derecho de arrojar lanzas. Todo el mundo sabe que tales hombres tienen ese derecho. Todos lo saben muy bien. ¿Cómo lo saben? Porque el rey se lo ha dicho muchas veces.

¿Es posible que este rey loco fuera el *verdadero* rey, incluso el ungido del Señor?

¿Qué piensa usted respecto a su propio rey? ¿Es el ungido del Señor? Tal vez sí, tal vez no. Sólo Dios sabe.

Si su rey es en realidad el ungido del Señor, y si

además arroja lanzas, entonces hay algunas cosas que usted puede saber y saber con seguridad.

Su rey está bastante loco.

Y es un rey según el orden del rey Saúl.

Capítulo 5

Dios tiene una universidad. Es una escuela pequeña. Pocos se inscriben, todavía menos se graduan. Muy, muy pocos en realidad.

Dios tiene esta escuela porque no tiene hombres quebrantados de corazón. Más bien tiene otros tipos de hombres. Tiene hombres que afirman ser la autoridad de Dios... y no lo son; hombres que dicen estar quebrantados de corazón... y no lo están. Tiene hombres que son la autoridad de Dios, pero son insensatos, de corazón no quebrantado. Él posee, tristemente, una mezcla espectroscópica de todo entre esos dos tipos de hombres. Tiene de todos estos en abundancia; pero hombres quebrantados de corazón, casi absolutamente ninguno.

¿Por qué hay tan pocos estudiantes en la escuela divina de la obediencia y el quebrantamiento? Porque todos los que están en esta escuela deben sufrir mucha aflicción. Y como usted pudiera suponer,

es a menudo el gobernante no quebrantado de corazón —a quien Dios soberanamente escoge— el que
ocasiona la aflicción. David fue una vez estudiante
en esta escuela, y Saúl fue el medio escogido por
Dios para afligir a David.

A medida que aumentaba la locura del rey, David crecía en conocimiento. Él sabía que Dios lo había colocado en el palacio del rey, bajo autoridad legítima.

¿Era *legítima* la autoridad del rey Saúl? Sí, era
la autoridad escogida de Dios. Escogida para David.
Autoridad de un corazón no quebrantado, sí. Mas
ordenada divinamente.

Sí, eso es posible.

David tomó aliento, se puso bajo las órdenes de
su rey insensato, y caminó la senda de su infierno
terrenal.

Capítulo 6

David tenía un interrogante: ¿Qué se hace cuando alguien nos arroja una lanza? ¿No le parece extraño que David no supiera la respuesta a este interrogante? Después de todo, cualquiera sabe qué hacer cuando le arrojan una lanza. ¡Se recoge la lanza, y se arroja contra el agresor!

«Cuando alguien te arroje una lanza, David, arráncala de la pared y arrójala al que la tiró primero. Absolutamente todos los demás lo hacen; puedes estar seguro».

Al realizar esta proeza insignificante de devolver las lanzas arrojadas, usted probará muchas cosas: Que es intrépido. Defiende lo recto. Se opone valientemente al mal. Es firme y no se le puede hacer a un lado. No soportará la injusticia o el trato injusto. Es el defensor de la fe, guardián de la antorcha, descubridor de toda herejía. No será injuriado fácilmente. Todos estos atributos se combinan para probar que usted también es, obviamente, candidato para el reino. Sí, tal vez sea el ungido del Señor.

Según el orden del rey Saúl.

También existe la posibilidad de que unos veinte años después de su coronación, será increíblemente el más diestro lancero del reino. Y, aun más seguro, para entonces... estará bastante loco.

Capítulo 7

Diferente de cualquier otro lancero en la historia, David no sabía qué hacer cuando le arrojaban una lanza. No la arrojó de nuevo a Saúl, ni preparó su propia lanza para arrojársela. David hizo algo distinto. Lo único que hizo fue esquivarla.

¿Qué puede hacer un hombre, sobre todo un joven, cuando el rey decide usarlo como blanco en sus prácticas de tiro? ¿Qué sucede si el joven decide no devolver el golpe?

Ante todo, tiene que simular que no ve las lanzas. Aun cuando vengan directamente contra él. En segundo lugar, tiene que aprender a esquivar rápidamente el golpe. Por último, tiene que aparentar que nada ha sucedido.

Uno puede fácilmente darse cuenta si alguien ha sido alcanzado por una lanza. Se convierte en una oscura sombra de amargura. A David nunca lo hirió ninguna lanza. Gradualmente aprendió un secreto bien guardado. Descubrió tres principios que impidieron que lo hirieran las lanzas.

Uno: No aprender nada acerca del arte elegante —y de fácil dominio— de la lanza. Dos: Apartarse de la compañía de todos los lanceros. Y tres: Mantener la boca herméticamente cerrada.

De esta manera, uno nunca será tocado por las lanzas, aun cuando le atraviesen el corazón.

Capítulo 8

—Mi rey está loco. Al menos, yo lo considero así. ¿Qué puedo hacer?

Ante todo, reconozca este hecho inalterable: Usted no puede decir (ninguno de nosotros puede) quién es el ungido del Señor y quién no lo es. Algunos reyes, a quienes todos acusarían de ser reyes según el orden del rey Saúl, lo son en realidad según el orden de David. Y otros, en quienes todos los hombres tendrían fe absoluta como reyes según el orden de David, realmente pertenecen al orden del rey Saúl. ¿Quién tiene la razón? ¿Quién puede saberlo? ¿De quién es la voz que escucha usted? Ningún hombre es lo suficientemente sabio como para descifrar el enigma. Lo único que podemos hacer es dar vueltas haciéndonos la pregunta: ¿Es este hombre el ungido del Señor? Y si lo es, ¿lo será según el orden de Saúl?

Memorice muy bien esa pregunta. Tendrá que

hacérsela muchísimas veces. Sobre todo si usted es ciudadano de un reino cuyo rey tal vez esté loco.

Pudiera parecer fácil hacer esta pregunta, pero no lo es. Sobre todo cuando usted llora intensamente... y esquiva lanzas... y se siente tentado a devolver el golpe... y los demás lo animan a que lo haga. Cuando su opinión, su juicio, su lógica, su inteligencia y su sentido común están de acuerdo con eso. Pero recuerde en sus lágrimas que usted conoce solo la pregunta, no la respuesta.

Nadie conoce la respuesta.

Nadie, excepto Dios.

Capítulo 9

No me gustó ese último capítulo. Le dio un rodeo al problema. Estoy en la situación de David, y estoy en agonía. ¿Qué hago cuando el reino donde estoy es gobernado por un rey tirador de lanzas? ¿Debo irme? Si es así, ¿cómo? ¿Qué hace exactamente un hombre en medio de una contienda de tiradores de cuchillos?

Bien, si a usted no le gustó la pregunta del último capítulo, tampoco le gustará la respuesta que se presenta en este.

La respuesta es esta: Se deja apuñalar.

¿Qué necesidad hay de eso? O ¿qué hay de bueno en ello?

Usted tiene los ojos puestos en el falso rey Saúl. Mientras mire a su rey, usted lo culpará únicamente a él por el actual infierno de su vida. Tenga cuidado porque Dios tiene sus ojos fijos en otro rey Saúl.

No en el visible que está allí frente a usted arrojándole sus lanzas. No, Dios está mirando a otro rey Saúl. Uno tan malo... o peor.

Dios está mirando al rey Saúl que hay en usted.

—¿En mí?

Saúl está en su corriente sanguínea, en la médula de sus huesos. Él forma parte de la misma carne y músculo de su corazón. Está enraizado en su alma; vive en el núcleo de sus átomos.

El rey Saúl y usted son uno solo.

¡Usted es el rey Saúl!

Él respira en los pulmones y late en el pecho de todos nosotros. Solo hay una manera de librarse de él. Tiene que ser destruido.

Tal vez usted no considere que esto sea expresamente una lisonja, pero al menos ahora sabrá por qué Dios lo puso bajo alguien que *pudiera* ser precisamente, el rey Saúl.

El pastor David habría llegado a ser el rey Saúl II si Dios no hubiera cercenado al Saúl que existía dentro de su corazón. A propósito, tal operación tomó años y fue una experiencia cruel que estuvo a punto de matar al paciente. ¿Y qué escalpelo y pinzas usó Dios para extirpar este Saúl interior?

Dios usó al Saúl exterior.

El rey Saúl trató de destruir a David, pero su único éxito fue que se convirtió en el instrumento de Dios para dar muerte al Saúl que vagaba por las cavernas de la propia alma de David. Sí, es cierto que David fue casi destruido en el proceso, pero así tenía que ser. De otra manera, el Saúl que estaba en él habría sobrevivido.

David aceptó el destino de vivir en tan inhumanas circunstancias. No levantó una mano, ni opuso resistencia ni trató de impresionar con su piedad. Sufrió en el crisol secreta y silenciosamente. Debido a esto fue profundamente herido. Todo su ser interior fue mutilado. Su personalidad fue transformada. Cuando la prueba terminó, David era apenas reconocible.

¿No estuvo usted satisfecho con la pregunta del capítulo anterior? Entonces es probable que no le gustara la respuesta de este capítulo.

A ninguno nos gusta.

A nadie, excepto a Dios.

Capítulo 10

¿Cómo sabe un hombre cuando llega por fin el momento de abandonar al ungido del Señor, sobre todo si este lo es según el orden del rey Saúl?

David nunca tomó esa decisión. El ungido del Señor la tomó por él. ¡El propio edicto del rey resolvió el asunto! «Captúrenlo y mátenlo como a un perro». Solo entonces salió David. Más bien huyó. Aún entonces, nunca habló una palabra o levantó la mano contra Saúl. Note también esto, por favor: David no dividió el reino cuando salió. No se llevó parte de la población con él. Salió *solo*.

Solo, *totalmente* solo. El rey Saúl II nunca hace eso. El siempre se lleva a quienes «se obstinan en acompañarlo».

Sí, los hombres se obstinan en acompañarlo a usted, ¿no es así? Están dispuestos a ayudarlo a fundar el reino de Saúl II.

Tales hombres *nunca* se atreven a salir solos.

Pero David salió solo. Es que los verdaderos ungidos del Señor pueden salir solos.

Solo hay una manera de abandonar un reino:
Solo

Totalmente solo.

Capítulo 11

Las cuevas no son el lugar ideal para levantar el estado de ánimo. Hay cierta semejanza en todas ellas, no importa en cuantas usted haya vivido. Oscuras, húmedas y frías. Con el aire viciado. Una cueva se empeora aun más cuando usted es el único habitante... y puede a lo lejos oír el ladrido de los perros.

Pero algunas veces, cuando no estaban cerca los perros ni los cazadores, la presa cantaba. Comenzaba en voz baja y luego alzaba la voz y cantaba aquella canción que compuso cuando salvó al corderito. Cada nota resonaba en las paredes de la cueva así como otras veces había resonado en las montañas. La música vibraba en la oscuridad de la profunda cueva, que se convertía de inmediato en un coro que repetía su canto.

Ahora tenía menos que cuando era pastor. No tenía arpa ni sol, y ni siquiera la compañía de las ovejas. Se habían desvanecido los recuerdos del palacio. Su mayor ambición no era más alta que el cayado de un pastor. Todo se estaba extinguiendo para él.

Cantaba mucho, y con cada nota salía una lágrima.

¡Cuán extrañas reacciones provoca el sufrimiento!

En aquellas cuevas oscuras, húmedas y frías, ahogado en la tristeza de su canto y en la canción de su tristeza, David se convirtió sencillamente en el más grande autor de himnos, y en el mayor consolador de los quebrantados de corazón que este mundo haya conocido jamás.

Capítulo 12

Corría por los campos empapados por la lluvia, y bajaba por los resbaladizos cauces de los ríos. Algunas veces se acercaban los perros, otras veces hasta lo *encontraban*. Pero lo ocultaban los ríos, los fosos y los pies veloces. Tomaba su alimento de los campos, arrancaba raíces a la orilla del camino, dormía en los árboles, se escondía en las zanjas, se arrastraba entre las zarzas, y avanzaba lentamente sobre el fango. Corría durante muchos días, sin atreverse a parar o a comer. Bebía la lluvia. Semidesnudo, todo sucio, caminaba, tropezaba, y se desgarraba la piel al arrastrarse.

Ahora las cuevas eran castillos. Los fosos eran casas.

En tiempos pasados las madres siempre les habían dicho a sus hijos que si no se portaban bien terminarían como el borracho del pueblo. Pero ya no.

Ahora ellas tenían una historia mejor y más aterradora que contarles: «Pórtate bien o terminarás como el matador del gigante».

En Jerusalén, cuando los hombres enseñaban acerca de ser obedientes a los reyes y a honrar a los ungidos del Señor, David servía de ejemplo. «Miren, esto es lo que Dios hace con los hombres rebeldes». Los jóvenes oyentes se estremecían ante tal pensamiento y resolvían nunca tener nada que ver con la rebelión.

Así era entonces, así es ahora, así será siempre.

Mucho más tarde, David llegaba a un país extranjero, y a un ínfimo grado de seguridad. También aquí fue temido y odiado; se inventaron mentiras y hubo confabulaciones contra él. Se enfrentó a la muerte en varias ocasiones.

Estas fueron las horas más negras de David. Usted las conoce como los días que precedieron a su reinado, pero él no las veía de ese modo. El suponía que esta sería su suerte para siempre.

El sufrimiento daba a luz. La humildad nacía.

De acuerdo con las normas terrenales, era un hombre frustrado; de acuerdo con las norma del cielo, era un hombre quebrantado de corazón.

Capítulo 13

Otros tuvieron que huir a medida que aumentaba la locura del rey. Primero uno, luego tres, después diez, y por último cientos. Al término de prolongada búsqueda, algunos de estos fugitivos hicieron contacto con David. Ellos no lo habían visto por largo tiempo.

En realidad, cuando lo vieron otra vez simplemente no lo reconocieron. Había cambiado. Su personalidad, su carácter, todo su ser había sido transformado. Hablaba menos. Amaba más a Dios. Cantaba de manera diferente. Ellos nunca antes habían escuchado estas canciones. Algunas eran indescriptiblemente hermosas, pero otras helaban la sangre en las venas.

Los que lo encontraron y decidieron ser sus compañeros errantes eran un grupo miserable y despreciable: ladrones, mentirosos, quejumbrosos, criticones... insurrectos de corazón rebelde. Estaban cegados por el odio contra el rey y, por tanto, contra todo lo que representaba autoridad. Habrían sido camorristas en el paraíso si pudieran haber entrado alguna vez.

David no les pidió que lo siguieran. No compartía la actitud de esos hombres. Sin embargo, sin pedírselo, ellos comenzaron a seguirlo.

Él nunca les habló de autoridad. Jamás sé refirió a la obediencia; pero, todos sin excepción se sometieron. No estableció ningún reglamento. Los preceptos legales no son palabras que se encuentran en el vocabulario de los prófugos. No obstante, limpiaron totalmente su vida exterior y, paulatinamente, también comenzó a cambiar su vida interior.

No temieron la obediencia ni la autoridad. Ni siquiera pensaron en el tema, y mucho menos lo discutieron. Entonces ¿por qué siguieron a David? No lo siguieron precisamente. Era sólo que él era...bueno... era David. Eso no necesitaba explicación.

Y así, por primera vez en dos ocasiones, nació la verdadera monarquía.

Capítulo 14

—¿Por qué, David, por qué?

El lugar era otra cueva oscura. Los hombres se movían con impaciencia de un lado para otro.

Paulatinamente, y muy intranquilos, comenzaron a sentarse. Todos estaban tan desconcertados como Joab, que, por último, había expresado sus interrogantes. Joab, quería respuestas inmediatas.

Seguramente David tuvo que haber estado avergonzado o al menos a la defensiva. Ni lo uno ni lo otro. El miraba más allá de Joab como un hombre que contempla otro reino que solo él puede ver. Joab avanzó hacia David, lo miró con desprecio y comenzó a pronunciar a gritos sus frustraciones.

—El estuvo muchas veces a punto de atravesarte con su lanza en el castillo. Lo vi con mis propios ojos. Por último, escapaste. Durante algunos años no has sido más que un conejo a quien él persigue. Además, el mundo entero cree las mentiras que él cuenta acerca de ti. Ha venido el mismo, el rey, buscando en cada cueva, en cada foso y hoyo de la tierra para encontrarte y matarte como a un perro. ¡Pero esta noche lo tuviste en la punta de su propia lanza y no hiciste nada!... Míranos. Somos animales *otra vez*. Hace menos de una hora pudiste habernos liberado a todos. ¡Sí, pudiéramos ser libres en este momento! ¡Libres! Y también lo sería la nación de Israel. ¿Por qué, David, por qué no terminaste con estos años de aflicción?

Hubo un largo silencio. Otra vez los hombres se movieron intranquilos. No estaban acostumbrados a ver a David reprendido.

David habló pausadamente, con una delicadeza que parecía decir «oí lo que preguntaste, pero no presté atención a la manera en que lo hiciste».

—Porque una vez, hace ya mucho tiempo, él no estaba loco. Era joven. Era grande... grande ante los ojos de Dios y de los hombres. Fue Dios mismo quien lo hizo rey. Dios, no los hombres.

Joab volvió a enfurecerse.

—¡Pero ahora sí está *loco*! Y ya Dios no está con él. Y es más, David, ¡él todavía te matará!

Esta vez fue la respuesta de David la que ardió con pasión.

—Es mejor que me mate y no que yo aprenda sus métodos. Es mejor que me mate y no que yo llegue a ser como él. No practicaré los métodos que causan la locura de los reyes. No arrojaré lanzas, ni permitiré que medre el odio en mi corazón. No me vengaré. ¡Ni ahora ni nunca!

Joab se enojó ante semejante respuesta sin sentido, y se encolerizó en la oscuridad de la caverna.

Aquella noche los hombres se acostaron sobre las piedras húmedas y frías, murmurando acerca de las opiniones masoquistas y pervertidas de su líder en cuanto a las relaciones con los monarcas, y sobre todo con los reyes insensatos.

Aquella noche también se acostaron los ángeles, y soñaron —en el resplandor crepuscular de aquel día extraordinario— que Dios aún podía dar su autoridad a un vaso digno de confianza.

Capítulo 15

¿Qué clase de hombre era Saúl? ¿Quién era este que se hizo enemigo de David? El ungido de Dios, el libertador de Israel. Y sin embargo se le recuerda principalmente por su insensatez.

Olvide las críticas que usted haya oído o leído acerca de Saúl. Olvide su mala fama. Considere los hechos. Saúl fue uno de los más grandes personajes de la historia humana. Fue un muchacho de campo, un verdadero niño campesino. Era alto, bien parecido y muy simpático.

Fue bautizado en el Espíritu Santo.

También procedía de una familia distinguida; es decir, en su linaje hubo algunos de los grandes personajes históricos de toda la humanidad. Abraham, Israel y Moisés se contaban entre sus antepasados.

¿Recuerda los antecedentes históricos? Abraham había fundado una nación.

Moisés la había librado de la esclavitud. Josué la

estableció en la tierra que Dios le había prometido. Los jueces impidieron que se desintegrara hasta el caos total. Entonces apareció Saúl. El tomó a este pueblo y lo integró en un reino unido.

Saúl unió a un pueblo y estableció un reino. Pocos hombres han hecho eso. Formó un ejército de la nada. Ganó batallas por el poder de Dios, derrotó al enemigo una y otra vez, como pocos hombres lo han hecho. Recuerde eso, y recuerde también que este hombre fue bautizado en el Espíritu. Además, fue profeta. El Espíritu de Dios vino sobre él en poder y autoridad. Dijo e hizo cosas inauditas, y todo por el poder del Espíritu que reposaba sobre él.

Él fue todo lo que los hombres de hoy anhelan ser... capacitado por el Espíritu Santo... para hacer lo imposible... para Dios. Un líder escogido por Dios con el poder de Dios.

A Saúl se le dio la autoridad de Dios. Era el ungido de Dios y Dios lo trataba como tal.

A Saúl también lo consumía la envidia, y fue capaz de asesinar y estuvo dispuesto a vivir en las tinieblas espirituales.

¿Hay alguna moraleja en estas contradicciones? Sí, hay una enseñanza que hará astillas muchos de sus conceptos acerca del poder, acerca de los grandes hombres bajo la unción de Dios y acerca de Dios mismo.

Cada año hay más hombres que oran por el poder

de Dios. Esas oraciones parecen poderosas, sinceras y devotas, sin móviles ocultos. Sin embargo, escondidos bajo tal oración y fervor están la ambición, el ansia por renombre y el deseo de ser considerado un gigante espiritual. El hombre que ora de tal modo tal vez ni siquiera lo sepa, pero esos motivos y deseos secretos están en su corazón... en el corazón de usted.

Al mismo tiempo que los hombres hacen tales peticiones, sienten un vacío interior. Hay poco crecimiento espiritual interno. La oración por el poder es el camino corto y rápido, el desvío hacia el crecimiento espiritual interno.

Hay una enorme diferencia entre la vestidura exterior del poder del Espíritu y la plenitud interior de la vida del Espíritu. En la primera, a pesar del poder, el hombre secreto del corazón puede permanecer inalterado. En la segunda, se trata con el monstruo.

Algo muy interesante acerca de Dios es que él oye todas esas peticiones de poder que le presentan los jóvenes fervorosos en cada generación... ¡y las responde!

Muy a menudo él concede esas peticiones de poder y autoridad. Algunas veces, al responderlas, les dice que sí a algunos vasos muy indignos.

¿Les da Dios el poder a los hombres indignos? ¿Su poder? ¿Aun cuando sean por dentro un montón de huesos secos?

¿Por qué hace Dios tal cosa? La respuesta es a la vez sencilla y aterradora. Algunas veces él le entrega a vasos indignos una porción mayor de poder a fin de que este se revele con el tiempo para que todos vean la *verdadera* condición de desnudez interior que hay dentro de esos hombres.

Por consiguiente, reconsidere el asunto cuando oiga al mercader del poder.

Recuerde: Dios a veces da el poder a los hombres por razones incomprensibles. Un hombre puede estar viviendo en el pecado más indecoroso y el don exterior estar obrando perfectamente en él. Los dones de Dios, una vez que se dan, no pueden ser revocados. Incluso en la presencia del pecado. Además, algunos hombres, viviendo tales vidas, son los ungidos del Señor... ante los ojos del Señor. Saúl fue una prueba viviente de esta realidad.

Los dones no pueden ser revocados.

Aterrador, ¿no es cierto?

Si usted es joven y nunca ha visto semejantes cosas, puede estar seguro de que en los próximos cuarenta años las verá. Hombres sumamente talentosos y muy poderosos... considerados los líderes en el reino de Dios, cometiendo actos repugnantes y malvados.

¿Qué necesita este mundo? ¿Hombres talentosos, exteriormente capacitados, u hombres de quebrantado corazón, interiormente transformados?

No olvide que algunos de los hombres a quienes se les ha dado el verdadero poder de Dios han reunido ejércitos, han derrotado al enemigo, han puesto de manifiesto las poderosas obras de Dios, han predicado y profetizado con autoridad y elocuencia sin par...

Y han arrojado lanzas,

Y han odiado a otros hombres,

Y han atacado al prójimo,

Y han conspirado para asesinar,

Y han profetizado desnudos,

Y hasta han consultado a las brujas.

Capítulo 16

—Todavía no ha respondido usted a mi pregunta. Pienso que el hombre bajo cuya autoridad estoy es un rey Saúl. ¿Cómo puedo saberlo con certeza?

No se nos concede el privilegio de saberlo. Y recuerde, a menudo aun los Saúles son los ungidos del Señor.

Es que siempre habrá hombres —dondequiera, en todas las épocas y en todos los grupos— que se pondrán de pie para decirle: «Ese hombre es rey según el orden del rey Saúl». Mientras otros, con la misma seguridad, se levantarán para afirmar: «No, es el ungido del Señor según el orden del rey David». Ningún hombre puede saber *realmente* cuál de los dos tiene la razón. Y si usted se encuentra por casualidad en el balcón mirando a los dos hombres que se gritan mutuamente, pudiera preguntarse a cuál orden, si a alguno pertenecen *ellos*.

Recuerde, su líder puede ser un David.

—¡Eso es imposible!

¿Lo es? La mayoría de nosotros sabe al menos de dos hombres del linaje de David que han sido condenados y crucificados por los hombres. Hombres que estaban absolutamente seguros de que los hombres a quienes ellos crucificaban no eran Davides.

Y si usted no sabe de dos casos como estos, seguramente sabe de uno.

Los hombres que persiguen a los Saúles que hay entre nosotros crucifican con frecuencia a los Davides.

¿Quién puede entonces saber quien es David y quien es Saúl?

Solo Dios lo sabe.

¿Estará usted tan seguro de que su rey es un Saúl y no un David, hasta el punto de estar dispuesto a asumir la autoridad de Dios y hacerle la guerra a su Saúl? Si es así, demos gracias a Dios porque usted no vivió en los tiempos en que estaba de moda el Gólgota.

Entonces, ¿qué puede hacer usted? Muy poco. Tal vez nada.

Sin embargo, el paso del tiempo —y la conducta de su líder mientras el tiempo pasa— revela mucho acerca de su líder.

Y el paso del tiempo, y la manera en que usted reaccione ante ese líder —sea un David o sea un Saúl—, revela mucho acerca de *usted*.

Capítulo 17

Dos generaciones después del reinado de Saúl, un joven entusiasta se alistó en las filas del ejército de Israel bajo la autoridad de un nuevo rey, el nieto de David. Pronto supo de las historias de los hombres valientes de David. Decidió investigar si aún vivía alguno de aquellos hombres, y si era así, iba a encontrarlo y conversar con él, aunque suponía que tal hombre tendría más de cien años.

Al fin descubrió que, efectivamente, aún vivía uno de aquellos hombres. Habiéndose enterado de su paradero, el joven se dio prisa en ir a su morada. Ansioso, si no indeciso, tocó a la puerta. Lentamente se abrió esta. Allí estaba de pie un hombre gigantesco, de cabello gris... no, completamente blanco... y más arrugado de lo que esperaba.

—Señor, ¿es usted uno de los valientes de David de antaño; uno de estos hombres de quienes tanto hemos oído?

El anciano examinó el rostro, el aspecto y el uniforme de aquel joven durante largo rato. Luego, con voz vetusta pero firme, le respondió sin quitar del rostro del joven su mirada penetrante.

—Si preguntas si soy un antiguo ladrón y morador de las cavernas, y uno que siguió a un fugitivo sumamente emotivo y sollozante, entonces sí, yo era uno de los «valientes de David».

Enderezó sus hombros mientras pronunciaba las últimas palabras, que terminó, con una risa ahogada.

—Ciertamente usted hace que el gran rey parezca un hombre débil. ¿No fue acaso el más grande de nuestros gobernantes?

—No fue débil —dijo el anciano. Después, juzgando los motivos que trajeron ante su puerta al joven impaciente, le respondió sabiamente en voz baja—. Ni fue un gran líder.

—¿Qué fue entonces, buen señor? Porque he venido a aprender acerca de los métodos del gran rey y sus... valientes. ¿En qué *consistió* la grandeza de David?

—Veo que tienes las ambiciones características de la juventud

—dijo el viejo guerrero—. Tengo la impresión de que sueñas con ser un conductor de hombres algún día.

Hizo una pausa y luego continuó reflexivamente.

—Sí, te contaré de la grandeza de mi rey, pero pudieran sorprenderte mis palabras.

Los ojos del anciano se llenaban de lágrimas a medida que pensaba primero en David y luego en el necio rey que había sido recientemente coronado.

—Te contaré de mi rey y su grandeza. Mi rey nunca me amenazó como amenaza el tuyo. Tu nuevo rey ha comenzado su reinado con leyes, preceptos, regulaciones y miedo. El más vívido recuerdo que tengo de mi rey, cuando vivíamos en las cavernas, es que su vida fue una vida de *sumisión*. Sí, David me mostró la sumisión, no la autoridad. Me enseñó no los métodos inconsecuentes de los preceptos y las leyes, sino el arte de la paciencia. Eso es lo que cambió mi vida. La rigidez legal no es otra cosa que la manera en que un líder evita el dolor.

—¡Los preceptos fueron ideados por los ancianos a fin de poder irse a acostar temprano! Los hombres que insisten en la autoridad solo prueban que no tienen ninguna. Y los reyes que pronuncian discursos acerca de la sumisión solo revelan el doble temor de su corazón: No están seguros de que son realmente verdaderos líderes, ordenados por Dios; y viven en el miedo mortal de una rebelión de sus súbditos.

—Mi rey no hablaba de someterse a él. No temía ninguna rebelión... porque... ¡porque no le importaba si lo destronaban!

—David me enseñó a perder, no a ganar. A dar,

no a quitar. Me mostró que es más cómodo ser seguidor que ser líder. No nos repartía el sufrimiento, sino que nos protegía de él. Me enseñó que la autoridad no opone resistencia a la rebelión, sobre todo cuando esa rebelión no es más peligrosa que la inmadurez, o tal vez la insensatez.

El anciano estaba obviamente recordando algunos incidentes muy tensos y tal vez chistosos de las cuevas.

—No —dijo con un tono elocuente en su voz—, la autoridad de Dios no teme a quienes la desafían, ni se defiende ni le importa un ápice si ha de ser destronada. Esa fue la grandeza del gran rey, o mejor dicho, del *verdadero* rey.

El anciano comenzó a retirarse. El enfado y la realeza se manifestaron en su porte cuando se volvía. Luego miró una vez más al joven, mientras descargaba de manera vehemente una andanada final.

—En lo que respecta a la autoridad que David tenía, los hombres que no la tienen hablan de ella todo el tiempo. Sométanse y sométanse es todo lo que saben decir. ¡David tenía autoridad, pero no creo que eso le viniera a la mente alguna vez! Éramos seiscientos inútiles con un líder que lloraba mucho. ¡Eso es todo lo que éramos!

Esas fueron las últimas palabras que oyó el joven soldado del viejo guerrero. Se escabulló y salió a la calle mientras se preguntaba si sería feliz de nuevo prestando servicios bajo la autoridad de Roboam.

Capítulo 18

¿Considera usted que, al llegar al final de nuestro estudio acerca de Saúl y de David, se le ha prestado una gran ayuda? ¿Ahora está seguro de que el hombre bajo cuyas órdenes está no sea verdaderamente un hombre de Dios... o si lo es, en el mejor de los casos solo sea un Saúl? ¡Dios mío, cuán seguros podemos estar los mortales... acerca de lo que incluso ni los ángeles saben!

Permítame preguntarle entonces en cuanto a lo que se propone hacer con este conocimiento recién adquirido. Sí, estoy enterado de que usted mismo no es ni un Saúl ni un David... sino solo un labriego del reino. Sin embargo, ¿se propone usted compartir sus nuevos descubrimientos con algunos amigos? Comprendo. Tal vez entonces debo advertirle que con este nuevo y embriagador conocimiento suyo hay un peligro intrínseco. Puede tener lugar un cambio extraño dentro de su corazón. Es que eso es posible... ¡pero espere!

¿Qué es lo que veo allí? ¡Allí! En aquella remota niebla que hay detrás de usted. Vuélvase. ¿La ve? ¿Quién es esa figura fantasmal que camina en medio de la bruma? Parece que, sin duda, la he visto anteriormente.

Observe atentamente. ¿No es posible que descifremos lo que hace?

Parece que se inclina sobre un antiguo cofre. Sí, lo ha abierto.

¿Quién es él? ¿Y qué hace?

Ha sacado algo del cofre. ¿Es un manto? Es una especie de capa. ¡Pues se la está poniendo! Le queda perfectamente bien y cae sobre sus hombros como un manto.

¿Y ahora qué? Mete otra vez la mano en aquel cofre. Sé que he visto a esa persona antes en alguna parte. ¿Qué es lo que saca esta vez? ¿Un escudo? No, un escudo de armas. Sí, un escudo de armas de alguna orden mucho tiempo olvidado. ¡Lo toma y lo alza como si hiciera suya esa orden! ¿Quien es ese hombre? El porte, la postura, la manera de andar. He visto antes a ese hombre. Estoy seguro.

¡Ah! Ha salido de la niebla y ha entrado en la luz. Ahora lo veremos claramente.

Ese rostro. ¡¿No es el *suyo*?!

Sí, lo es. ¡Es el rostro de *usted*! ¡Usted que puede

distinguir tan sabiamente la presencia de un indigno Saúl!

¡Vaya! Mírese en ese espejo. ¡Ese hombre es usted!

Mire también el nombre sobre el escudo de armas.

Contémplelo: ¡¡¡ABSALÓN SEGUNDO!!!

Capítulo 19

—Mira. ¡Aquí viene David!

Sonrisas burlonas, algunas risitas entrecortadas y alguna risa débil.

—¡Mira! Nada menos que David.

Otra vez las vivas sonrisas irónicas, un ademán y la silenciosa diversión.

—Ese no es David —le dijo un jovencito a su tutor mientras ambos caminaban por la orilla de la calle. ¿Por qué dicen eso? ¡Ese hombre no es David!

—Es cierto, niño, no es David. Es Absalón el que sale por la puerta.

—¿Por qué lo llaman David? —preguntó el muchacho mientras volvía la cabeza para mirar sobre su hombro al donairoso joven que iba en el carro precedido por cincuenta hombres que corrían delante.

—Porque nos recuerda a David cuando era joven. Y porque estamos muy contentos de que un joven tan excelente tome algún día el lugar de David. Tal vez también porque Absalón es mejor parecido que David. Quizá sea el hombre más hermoso de nuestra época.

—¿Reinará Absalón dentro de poco? En todo caso, ¿qué edad tiene David? ¿Está a punto de morir?

—Claro que no, muchacho. Veamos ... ¿cuántos años tiene David? Es probable que la misma edad de Saúl cuando terminó su reinado.

—¿Cuantos años tiene Absalón?

—Casi la misma edad de David cuando Saúl trató violentamente de matarlo.

—David es de la edad de Saúl. Absalón es de la edad de David cuando se convirtió en rey —reflexionó el muchacho.

Caminaron en silencio por un rato hasta que el muchacho, obviamente absorto en sus pensamientos, habló otra vez.

—Saúl fue muy severo con David, ¿no es así?

—Sí, muy severo.

—¿Va a tratar el rey David a Absalón del mismo modo? ¿Será David severo con Absalón?

El tutor se detuvo para considerar el asunto, pero el muchacho prosiguió.

—Si David trata con crueldad a Absalón. ¿se portará Absalón con tanta misericordia como David se portó con Saúl?

—Niño, el futuro nos lo dirá sin duda. ¡Oh, haces

preguntas formidables! Si cuando crezcas puedes dar respuestas así como ahora puedes formular preguntas, serás sin duda conocido como el hombre más sabio de la tierra.

Los dos se volvieron y entraron por las puertas del palacio.

Capítulo 20

Animaba al corazón el conocer a un hombre que veía las cosas con tanta claridad. Era perspicaz. Sí, ese era el adjetivo que mejor lo describía: perspicaz. Podía adentrarse en lo profundo de cualquier problema.

Los hombres se sentían seguros solo por el hecho de estar en su compañía. Incluso anhelaban pasar tiempo con él. Al hablar con este hombre, se daban cuenta de que ellos mismos eran más sabios de lo que habían pensado. Tal descubrimiento los hacía sentirse bien. A medida que debatían problema tras problema y solución tras solución, los hombres comenzaban a desear con ansia el día en que este hombre fuera su caudillo. Él pudiera rectificar tantas injusticias. Él les confería una sensación de esperanza.

Pero este hombre perspicaz e imponente nunca

apresuraría deliberadamente el día de su propio reinado. De esto estaban seguros. Era demasiado humilde y demasiado respetuoso del actual gobernante. Los que estaban cerca de él comenzaron a sentirse un poco frustrados por el hecho de que tuvieran que seguir esperando por tiempos mejores, cuando al fin reinara este hombre.

Cuanto más conversaban con él, tanto más comprendían que había cosas fuera de lugar en el reino. Sí, cosas incorrectas en las que nunca antes habían pensado. Y problemas. Sí, salían a la luz problemas en los que ni siquiera habían soñado nunca. Sí, en realidad crecían en sabiduría y perspicacia.

A medida que pasaban los días venían más y más personas a escuchar. La noticia se difundía calmadamente. «En este lugar hay alguien que comprende los problemas y tiene soluciones para ellos». Venían los frustrados, escuchaban, hacían preguntas, recibían respuestas excelentes y comenzaban a abrigar esperanzas.

Aprobaban sus juicios. Nacían los sueños. A medida que el tiempo transcurría, tales reuniones aumentaban. Las ideas se convertían en historias; relatos de injusticia que otros pudieran considerar insignificantes. ¡Pero no este oyente! Él era compasivo. Y a medida que hablaban los que lo rodeaban, parecían aumentar en número y gravedad las injusticias descubiertas. Con cada nueva historia, los hombres se conmovían más ante la injusticia, que ahora parecía estar desenfrenada. Pero el joven sabio se sentaba sosegadamente y no añadía ni una palabra a estas murmuraciones. Es que era demasiado magnánimo. Siempre clausuraba las conversaciones vespertinas con una humilde palabra de condescendencia hacia los que tenían la responsabilidad de gobernar. No obstante, que este hombre se pudiera sentar tranquilamente para siempre era pedir demasiado. Este interminable desfile de injusticias estaba destinado a agitar aun al más respetable de los hombres. Hasta el más puro de corazón se enojaría. (¡Y este hombre era, sin duda, el más puro de corazón en todo el reino!)

Un hombre tan compasivo no podía tolerar estos sufrimientos ni permanecer silencioso para siempre. Tan magnánimo personaje algún día tenía que dar su opinión.

Por último, sus seguidores, que él juró que no tenía, casi palidecieron. Sus críticas en cuanto a las fechorías del reino no solo crecían sino que abundaban. Todos querían hacer algo acerca de estas interminables injusticias.

Parecía que al fin el joven príncipe consentiría en la acción. Al principio fue solo una palabra; más tarde, una oración. Saltó el corazón de aquellos hombres. El júbilo reinó. Al fin la nobleza se levantaba para tomar medidas. ¡Pero no fue así! Él les advirtió que no tomaran sus palabras en sentido equivocado. Sí, lamentaba aquella situación, pero no podía hablar contra los que gobernaban. No, absolutamente no. No importaba cuán grandes y justificados fueran los motivos para quejarse. Él no hablaría contra el rey.

Sin embargo, se lamentaba más y más. Era obvio que algunas informaciones lo llevaban al paroxismo. Por último, se manifestó su justa cólera, convertida en controlado y sereno mensaje de fuerza.

—¡Estas cosas no deben suceder!

Luego se puso de pie, con los ojos llameantes.

—Si yo fuera el gobernante, esto es lo que haría...

Y con estas palabras empezó a arder la rebelión. Es decir, empezó a arder en todos, menos en uno. No fue así en el más noble y puro de los hombres presentes.

La rebelión había estado durante años en su corazón.

Capítulo 21

—¡Sabio!

—Sí.

—Sabio, ¿pudiera concederme unos minutos?

—Por supuesto. Tengo muchísimo tiempo.

—¿Acaba de venir de una reunión en casa de Absalón?

—Sí, así es.

—¿Le molestaría compartir conmigo algunas de sus impresiones mientras estuvo allí?

—¿Usted quiere decir una impresión general de Absalón y sus partidarios?

—Sí, eso sería suficiente.

—Bueno, he conocido muchos hombres como Absalón. Muchísimos.

—Entonces ¿cómo es él?

—Es sincero y ambicioso. Tal vez sea una contradicción; no obstante, esa es la verdad. Es probable que se proponga hacer lo que dice; pero su ambición perdurará mucho tiempo después que descubra su ineptitud para cumplir lo que promete. Cuando se llega al poder, corregir la injusticia se vuelve secundario.

—Lo siento, Sabio; pero no entiendo.

—Hay dos cosas que persisten en mi mente. En una reunión, mientras Absalón hacía preguntas, fue muy categórico en afirmar que debe haber más libertad en el reino. A todo el mundo le gustó eso. Él dijo que «un pueblo tiene que ser guiado únicamente por Dios, y no por los hombres». Dijo también que «los hombres solo deben hacer lo que ellos piensan que Dios quiere que hagan». Creo que esas fueron sus palabras. En otra reunión habló de las excelentes perspectivas que tiene para el reino de Dios, de las grandiosas hazañas que puede realizar el pueblo. Por otra parte, habló de muchos de los cambios que el haría en cuanto a la manera de gobernar el reino. Aunque él parecía no advertirlo, había enunciado dos proposiciones incompatibles. Muchos cambios y más libertad. Sí, en efecto, él me recuerda a muchos otros hombres con quienes he tropezado a lo largo de los años.

—Sabio, creo que entiendo lo que ha dicho: pero no estoy seguro de cuál es el asunto que usted quiere destacar.

—Los sueños de Absalón. Sueños de lo que debe ser, de lo que será. Él dice: «Esto es lo que haré».

Pero para realizar esos sueños, necesita la cooperación del pueblo. ¡Ah, este es el asunto que los hombres pasan por alto! Tales sueños se apoyan totalmente en la premisa de que el pueblo de Dios estará con el nuevo caudillo, y que todos verán las cosas como el líder las ve. Tales hombres no pueden imaginar los problemas en su reino futuro. Es posible que el pueblo lo siga, y es posible que no.

—El pueblo de Dios —continuó el Sabio— seguirá a un líder a lo sumo por algunos días. Nunca está mucho tiempo con ninguno. Por lo general, la gente hace lo que le place. Se le puede disuadir para que haga por algún tiempo la voluntad de otro, pero no por mucho tiempo. La gente no trabajará demasiado duro, aun cuando esté siguiendo a Dios. ¿Qué hará Absalón cuando el pueblo deje de seguirlo voluntariamente? ¡Ah, aquí está el problema! Es que no hay reino sin discordias. Hasta Dios tuvo sus críticos en el cielo. Todos los reinos siguen una trayectoria irregular. Y la gente, sobre todo el pueblo de Dios, nunca siguen ningún sueño a la misma vez. No, tomará tiempo el realizar lo que él dijo esta noche. No todos estarán dispuestos a acompañarlo. ¿Estará aún así decidido a convertir en realidad sus sueños? Si es así, entonces Absalón tiene al menos un recurso: la dictadura. O recurre a ella o verá pocos —si es que alguno— de sus grandes sueños realizados. Si se convierte en dictador, puedo asegurar que en un futuro no lejano habrá exactamente el mismo descontento que hay ahora con el rey actual. Sí, si Absalón llega a ser rey, poco después usted verá nuevas reuniones como esta de la que acabo de venir esta noche... solo con nuevos rostros, nuevos sueños y nuevos planes para una nueva rebelión... ¡esta vez contra Absalón! Entonces, cuando Absalón se entere de semejantes reuniones y de debates acerca de una rebelión, tendrá sólo un recurso.

—Sabio, ¿que opina que hará el?

—Los rebeldes que llegan al poder mediante la rebelión son intolerantes con los demás rebeldes y sus rebeliones. Cuando Absalón se enfrente con la rebelión, se convertirá en un tirano. Su perversidad será diez veces la que ahora le atribuye a tu rey. Él aplastará la rebelión y gobernará con mano de hierro... y mediante el terror. Eliminará toda oposición. Esta es siempre la última etapa de las rebeliones altisonantes. Tal será el rumbo de Absalón si destrona a David.

—Pero, Sabio, ¿no han sido beneficiosas algunas rebeliones, al derrocar a déspotas brutales?

—¡Oh!, sí, algunas. Pero le recuerdo que este reino en particular es diferente de todos los demás. Este reino está formado por el pueblo de Dios. Es un reino espiritual. Puedo decirle enfáticamente que ninguna rebelión en el reino de Dios es atinada, ni puede nunca ser plenamente bendecida.

—Sabio, ¿por qué dice tal cosa?

—Por muchas razones. Una es evidente. En el reino espiritual, un hombre que este a la cabeza de una rebelión ya ha demostrado

—no importa cuán grandiosos sean sus discursos ni cuán angelicales sean sus métodos— que tiene una naturaleza inclinada a la crítica, un carácter sin principios y motivos ocultos en su corazón. Francamente, es un ladrón. Crea la tensión y el descontento dentro del reino, y luego toma el poder o lo socava con sus seguidores. Une a los partidarios que consigue para establecer su propio dominio. Es un comienzo lamentable, basado en el fundamento de la insurrección. No, Dios nunca aprueba la división en su reino.

—Me resulta curioso —prosiguió el Sabio— que los hombres que se sienten competentes para dividir el reino de Dios no se sientan capaces de irse a alguna otra parte, a otra tierra, para erigir un reino completamente nuevo. No, ellos tienen que robar el reino de otro líder. No he visto la excepción. Siempre parecen necesitar al menos algunos partidarios previamente moldeados a su gusto. Comenzar solo y con las manos vacías asusta al mejor de los hombres. Eso también indica claramente lo seguro que están de que Dios está con ellos. Cada una de sus palabras, si verdaderamente se analizan, habla de su inseguridad. Hay muchas tierras intactas y sin dueño.

Hay mucha gente en otros sitios que esperan para seguir a un verdadero rey, a un verdadero hombre de Dios. Repito (y hay quienes dicen que repito lo mismo con frecuencia). ¿Por que los «aspirantes a reyes y profetas» no se marchan silenciosos y solos, encuentran a otra gente en otro sitio, y allí erigen el reino que imaginan? Los hombres que dirigen las rebeliones en el mundo espiritual son hombres indignos. No hay excepciones. Y ahora debo irme. Tengo que unirme al desfile que pasa.

—Dígame, Sabio, ¿cómo se llama usted?

—¿Mi nombre? Soy la Historia.

Capítulo 22

David estaba de pie en el balcón de la terraza de su palacio. Las luces de las casas en la Ciudad Santa resplandecían allá abajo. Un hombre se le acercó por detrás. David suspiró y, sin volverse, dijo:

—Sí, Joab, ¿que sucede?

—¿Lo sabes?

—Lo sé —respondió calmadamente.

—¿Cuánto tiempo hace que lo sabes? —preguntó Joab con inquieta sorpresa.

—Meses, años, tal vez una década. Quizá lo he sabido durante treinta años.

Después de esta respuesta, Joab no estaba seguro si estaban hablando de la misma persona. Después de todo, Absalón no tenía mucho más de treinta años.

—Señor, hablo de Absalón —dijo con cierta indecisión.

—Del mismo que hablo yo —aseguró el rey.

—Si lo has sabido por tanto tiempo, ¿por qué no lo detuviste?

—Me pregunto lo mismo.

—¿Quieres que lo detenga yo?

—¡David se volvió violentamente! En un momento, la pregunta de Joab había resuelto su dilema.

—¡No lo harás! No le dirás una sola palabra, ni lo criticarás. No permitirás que nadie más lo critique ni tampoco a sus acciones. No permitiré que lo detengas.

—Pero entonces, ¿no tomará el reino?

David suspiró otra vez, suave y lentamente. Vaciló por un momento. No sabía si llorar o sonreír. Luego sonrió débilmente y contestó:

—Si, tal vez lo hará.

—¿Qué harás? ¿Tienes algún plan?

—No, ninguno. Sinceramente, no sé qué hacer. He librado muchas batallas y he resistido muchos asedios. Por lo general, he sabido qué hacer. Pero en esta ocasión, solo puedo recurrir a las experiencias de mi juventud. Me parece que la línea de conducta que seguí aquella vez es la mejor que puedo seguir ahora.

—¿Y cuál fue esa línea de conducta?

—No hacer absolutamente nada.

Capítulo 23

David se quedó solo otra vez. Pausada y sosegadamente recorrió el jardín de su terraza. Por último, se detuvo y habló en voz alta para sí.

—He esperado, Absalón; he aguardado y observado durante varios años. Me he preguntado una y otra vez: «¿Qué hay en el corazón de este joven?» Y ahora lo sé. Harás lo inconcebible. Dividirás el mismo reino de Dios. Todo lo demás era palabrería.

David permaneció un instante silencioso. Luego, casi asustado, habló con la voz apagada.

—Absalón no vacila en dividir el *Reino de Dios*. Ahora lo sé. Él busca seguidores. ¡Al menos no los rechaza! Aunque parece magníficamente virtuoso e ilustremente noble, sin embargo, divide. Sus partidarios aumentan, aun cuando convincentemente afirme que no tiene ninguno.

Por largo rato David no dijo nada.

Finalmente, con una sombra de agudeza en sus palabras, comenzó a hablar consigo mismo.

—Muy bien, buen rey David, tienes una cuestión resuelta. Estás en medio de una discordia y pudieras muy bien ser destronado. Ahora a la segunda cuestión.

Hizo una pausa, levantó la mano y, casi con el fatalismo dibujado en su rostro, preguntó:

—¿Qué haré? El reino está en peligro inminente. Parece que estoy ante la alternativa de perderlo todo o de convertirme en un Saúl. Puedo detener a Absalón. Solo necesito ser un Saúl. ¿Me convertiré en un Saúl en mi vejez? Creo que el Señor mismo aguarda mi decisión.

—¿Ahora seré un Saúl? —se preguntó a sí mismo, esta vez en voz alta.

Una voz detrás de él le respondió.

—Buen rey, él no ha sido ningún David contigo.

David se volvió. Era Abisai que se había acercado sin anunciarse.

—Es un lugar concurrido esta terraza —dijo David con ironía.

—¿Señor? —preguntó Abisai.

—Nada. Basta decir que no me han faltado visitantes hoy, un día en que yo hubiera preferido la soledad. ¿Qué me dijiste? O más bien, ¿que decía yo?

—Preguntabas: «¿Seré un Saúl para Absalón?» Y yo te respondí: «Él no ha sido para ti ningún joven David».

—Nunca desafié a Saúl; nunca intenté dividir el reino mientras él reinaba. ¿Eso es lo que quieres decir?

—Mucho más que eso —respondió con firmeza Abisai—. Saúl fue un malvado contigo y atormentó tu vida. Respondiste solo con respeto y angustia reservada. Las desgracias de aquella época procedían solo de una parte. Todas cayeron sobre ti. Sin embargo, pudiste haber dividido el reino, y es probable que también pudiste haber derrocado a Saúl. Antes que hacer eso, recogiste lo tuyo y abandonaste el reino. Preferiste huir antes que causar la división. Arriesgaste tu vida en pro de la unidad, y cerraste tu boca y tus ojos ante todas sus injusticias. Tenías más motivos para rebelarte que cualquier hombre en la historia de este o de cualquier otro reino que jamás haya existido. Absalón tiene que deformar la realidad violentamente para inventar su lista de injusticias... pocas de ellas significativas, pudiera yo añadir. ¿Absalón se ha comportado como tú? ¿Absalón te respeta? ¿Absalón procura preservar el reino? ¿Absalón se niega a hablar contra ti? ¿Absalón rechaza a los seguidores? ¿Absalón se marcha del país para impedir la división? ¿Absalón es respetuoso? ¿Absalón soporta el sufrimiento en callada agonía? ¿Caen sobre Absalón todas las desgracias? ¡No, él solo es magnánimo e inocente!

Las últimas palabras de Abisai salieron con

contenida indignación. Luego prosiguió, más solemne esta vez.

—Sus motivos para quejarse no tienen importancia, comparados con los motivos legítimos que tuviste con respecto a Saúl. Nunca has sido injusto con Absalón.

David lo interrumpió con una sonrisa irónica.

—Parece que tengo el don de hacer que los ancianos y los jóvenes me odien sin motivo. En mi juventud, me atacaron los ancianos; ahora que soy anciano, me atacan los jóvenes. ¡Magnífica proeza!

—Mi opinión —prosiguió Abisai— es que Absalón no es ningún David. Por lo tanto, te pregunto: ¿Por qué no detienes su rebelión? detén a ese miserable...

—Cuidado, Abisai. Recuerda que él también es hijo del rey. Nunca debemos hablar mal del hijo de un rey.

—Buen rey, te recuerdo que incluso una vez rehusaste levantar la espada o la lanza contra Saúl. Repito. Día y noche Absalón habla contra ti. Un día, dentro de poco, levantará contra ti un ejército. Aun más, una nación. ¡Esta nación! El joven Absalón no es el joven David. ¡Te aconsejo que lo detengas!

—Abisai, me pides que me convierta en un Saúl —respondió David con pesadumbre.

—No, digo que él no es ningún David. ¡Deténlo!

—Y si lo detengo, ¿todavía seré un David? Si lo

detengo, ¿no seré un Saúl? —preguntó el rey mientras su mirada penetrante se fijaba en Abisai—. Para detenerlo, tengo que ser un Saúl o un Absalón.

—Mi rey y mi amigo, a veces pienso que estás algo loco.

—Sí, motivos tienes para pensar así —dijo David con una sonrisa.

—Apreciado rey, Saúl era un rey malo. Absalón es de cierto modo una juvenil reencarnación de Saúl. Solo tú eres invariable. Tú eres siempre el pastorcito quebrantado de corazón. Dime sinceramente, ¿qué te propones hacer?

—Hasta ahora no he estado seguro. A partir de ahora ya lo estoy: En mi juventud no fui un Absalón. En mi vejez no seré ningún Saúl. En mi juventud, según tus propias palabras, fui David. En mi vejez tengo el propósito de seguirlo siendo, aun cuando me cueste un trono, un reino y tal vez la cabeza.

Abisai no dijo nada por un rato. Luego habló lentamente, cerciorándose de que comprendía la importancia de la decisión de David.

—No fuiste un Absalón; no serás un Saúl. Señor, si no estás dispuesto a bajarle los humos a Absalón, sugiero que nos preparemos a evacuar el reino porque seguro que Absalón gobernará.

—Solo tan seguro como que Saúl mató al pastorcito —respondió el anciano y sabio rey.

—¿Qué cosa? —pregunto Abisai sobresaltado.

—Piensa en eso, Abisai. Una vez Dios libró a un pastorcito indefenso de un rey loco y poderoso. Él puede todavía librar a un rey anciano de un joven rebelde y ambicioso.

—Desestimas a tu adversario —replicó Abisai.

—Tú desestimas a mi Dios —respondió David serenamente.

—¿Pero por qué, David? ¿Por qué no luchar?

—Te responderé. Y si recuerdas, porque tú estabas allí, ¡una vez respondí de la misma manera a Joab en una cueva hace ya mucho tiempo! Es mejor ser derrotado, incluso asesinado, que aprender los métodos de ... de un Saúl, o los de un Absalón. El reino no es tan valioso. Déjenlo que lo ocupe si es la voluntad de Dios. Repito: No aprenderé los métodos de los Saúles ni de los Absalones.

—Y ahora —prosiguió David— como ya soy anciano, añadiré algo que pudiera no haber sabido entonces. Abisai, ningún hombre conoce su propio corazón. Indudablemente, yo no conozco el mío. Solo Dios lo conoce. ¿Defenderé mi pequeño reino en nombre de Dios? ¿Arrojaré lanzas, conspiraré, dividiré... y mataré el espíritu de los hombres, si no sus cuerpos, para proteger mi imperio? No moví un dedo para ser hecho rey, ni para preservar el reino. ¡Ni siquiera el Reino de Dios! Dios me puso aquí. No soy responsable de tomar ni de mantener el poder. ¿No comprendes que tal vez sea la voluntad de Dios que sucedan estas cosas? Me imagino que, si Dios lo decidiera, aun en estas circunstancias él pudiera proteger y defender el reino. Como antes dije, ningún hombre conoce su corazón.

Yo no conozco el mío. ¿Quien sabe lo que hay en realidad en mi corazón? Pudiera ser que ante los ojos de Dios ya no soy digno de gobernar. Tal vez él ha terminado conmigo. Quizá sea su voluntad que gobierne Absalón. Sinceramente, no lo sé. Pero si esta es su voluntad, yo la deseo. ¡Que termine Dios conmigo! Cualquier joven rebelde que alza su mano contra uno a quien considera un Saúl, o cualquier rey anciano que alza su mano contra uno a quien considera un Absalón, pudiera, en realidad, estar alzando su mano contra la voluntad de Dios.

—¡De ninguna manera alzare mi mano! —concluyó David—. ¿No me vería yo un poco extraño tratando de permanecer en el gobierno cuando Dios desea que mi gobierno caiga?

—¡Pero tú sabes que Absalón no debe ser el rey!—replicó Abisai con desaliento.

—¿Lo sé? Nadie lo sabe. Solo Dios lo sabe y él no ha dicho nada. No luchare para ser rey ni para permanecer como tal. Que Dios venga esta noche y me quite el trono, el reino y —dijo esto casi balbuceando—... y su unción. Busco su voluntad, no su poder. Repito. Deseo su voluntad más que una posición del liderazgo. Él puede terminar conmigo.

—Rey David —dijo una voz detrás de los dos hombres.

—¿Sí? ¡Oh, un mensajero! ¿Qué sucede?

—Absalón quiere verlo un momento. Desea pedir permiso para ir a Hebrón a fin de ofrecer un sacrificio.

—David —dijo Abisai ásperamente—, ¿sabes lo que eso realmente significa, no es así?

—Sí.

—¿Y sabes lo que hará si le permites ir?

—Sí.

David se volvió al mensajero y le dijo:

—Dile a Absalón que iré en seguida.

David dio una última mirada a la quieta ciudad, se dio vuelta y camino hacia la puerta.

—¿Le permitirás que vaya a Hebrón? —preguntó Abisai.

—Se lo permitiré —dijo el rey de reyes—. Sí, se lo permitiré.

Después se volvió al mensajero.

—Ya es tarde para mí. Me iré a acostar cuando termine de hablar con Absalón. Haz que uno de los profetas, o un escriba venga mañana para consultar con él. Pensándolo mejor, envíame a Sadoc, el sumo sacerdote. Pregúntale si se puede reunir conmigo aquí mañana después del sacrificio vespertino.

Abisai habló de nuevo, esta vez en voz baja. La admiración brillaba en su rostro.

—Gracias, buen rey.

—¿Por hacer qué? —preguntó desconcertado el rey mientras se volvía en la entrada.

—No por lo que hayas hecho, sino por lo que no has hecho. Gracias por no arrojar lanzas, por no rebelarte contra los reyes, por no poner en peligro a un gobernante que era tan vulnerable, por no dividir un reino, por no atacar a los jóvenes Absalones, que se parecen muchísimo a los jóvenes Davides, pero que no lo son.

Hizo una pausa y luego prosiguió.

—Y gracias por sufrir, por estar dispuesto a perderlo todo. Gracias por darle plenos poderes a Dios para terminar tu reino, incluso destruirlo, si es su voluntad. Gracias por sentar un ejemplo para todos nosotros. Y sobre todo —sonrió con júbilo— gracias por no consultar con los adivinos.

Capítulo 24

—¡Natán! —¿Qué...? Oh, eres tú, Sadoc.

—Perdona mi entremetimiento, pero he estado observándote por un rato. ¿Estabas a punto de entrar a la sala del trono, me parece, para ver al rey?

—Sí, Sadoc. Esa era mi intención, pero he cambiado de idea. El rey no me necesita.

—Estoy decepcionado, Natán. En mi opinión, el rey necesita tu ayuda más que nunca. Él se enfrenta a la prueba más seria de su vida. No estoy completamente seguro de que pueda pasar una prueba tan difícil como esta.

—Ya él ha pasado esta prueba, Sadoc —le contradijo Natán con una seguridad en su voz que convenía con la realidad de que era un profeta de Dios.

—¿Ya ha pasado esta prueba? Perdóname Natán, pero no tengo idea de lo que estás hablando. Como sabes muy bien, esta crisis ha comenzado apenas.

—Sadoc, tu rey pasó esta prueba hace mucho tiempo, cuando era joven.

—¿Hablas de Saúl? Pero, mi amigo, eso fue un asunto completamente distinto.

—No en absoluto. Es exactamente lo mismo. En realidad, no hay diferencia alguna. Así como David se relacionó con su Dios y con el hombre bajo cuya autoridad estaba aquella vez hace ya mucho tiempo... se relacionará también ahora con su Dios y con el hombre que está bajo su autoridad. No puede haber diferencia. Nunca. Es verdad que las circunstancias pueden cambiar... ligeramente. Siempre muy ligeramente, pudiera añadir. ¡Pero el corazón...! Ah, el corazón siempre es el mismo. Sadoc, siempre he estado agradecido de que Saúl fuera nuestro primer rey. Me estremezco al pensar en el problema que habría causado si en su juventud se hubiera encontrado bajo la autoridad de algún otro rey. No hay verdadera diferencia entre el hombre que descubre que tiene un Saúl en su vida y el hombre que halla que tiene un Absalón en la suya. En ambos casos, el corazón perverso encontrará su «justificación». Los Saúles de este mundo |nunca pueden ver a un David; solo pueden ver a Absalón. Los Absalones de este mundo nunca pueden ver a un David; solo pueden ver a Saúl.

—¿Y el corazón puro? —preguntó Sadoc.

—Ah, en efecto, hay algo excepcional. ¿Cómo tratan a un Absalón una voluntad y un corazón quebrantados? ¿De la manera que trataron a un Saúl? ¡Pronto lo sabremos, Sadoc!

—Ni tú ni yo tuvimos el privilegio de estar allí cuando David se enfrentó con Saúl; pero se nos concede el privilegio de estar presentes cuando se enfrente con Absalón. Por lo menos yo tengo la intención de contemplar el desarrollo de este drama muy minuciosamente; y al hacerlo tengo la esperanza de aprender una o dos lecciones. Recuerda mis palabras. David obrará a su manera, y pasará esta prueba con la misma buena voluntad que mostró en su juventud.

—¿Y Absalón?

—¿Absalón?

—Dentro de algunas horas él puede muy bien ser mi rey, ¿no es esa tu opinión?

—Hay esa posibilidad —respondió Sadoc casi con agudeza.

Natán rió.

—¡Si Absalón llega al trono, que el cielo tenga misericordia de todos los Saúles, Davides y Absalones del reino!

—En mi opinión, nuestro joven Absalón será un magnífico Saúl

—prosiguió Natán a medida que se volvía para marcharse por el largo pasillo.

—Sí. Un magnífico Saúl. Porque en todos los aspectos, menos en edad y posición, Absalón ya es un Saúl.

Capítulo 25

—Gracias por venir, Sadoc.

—Mi rey.

—Eres un sacerdote de Dios, ¿pudieras contarme una vieja historia?

—¿Qué historia, mi rey?

—¿Conoces la historia de Moisés?

—La conozco.

—Cuéntamela.

—Es muy larga. ¿La contare toda?

—No, no toda.

—Entonces, ¿qué parte?

—Cuéntame de la rebelión de Coré.

El sumo sacerdote contempló fijamente a David con ardiente mirada. David devolvió la mirada de asombro, también con los ojos llameantes. Ambos hombres se comprendieron mutuamente.

—Te contaré la historia de la rebelión de Coré y

de la conducta de Moisés en medio de aquella rebelión. Muchos hombres se han enterado de la historia de Moisés. Él es el supremo ejemplo del ungido de Dios.

El verdadero gobierno de Dios se apoya no en un hombre, sino en el contrito corazón de un hombre. No hay fórmula ni método para el gobierno de Dios; solo hay un hombre con un corazón contrito. Moisés era tal hombre. Coré no lo era, aunque fuera primo hermano de Moisés. Coré quería la autoridad que tenía Moisés. Una mañana apacible, se despertó Coré.

No hubo discordia entre el pueblo de Dios aquella mañana; pero antes que terminara el día él había encontrado a 252 hombres que estaban de acuerdo con sus acusaciones contra Moisés.

—¿Entonces había problemas en la nación cuando gobernaba Moisés? —preguntó David.

—Siempre hay problemas en los reinos —respondió Sadoc—. Siempre. Además, la habilidad para ver esos problemas es realmente una facultad muy común.

David sonrió y preguntó.

—Pero, Sadoc, sabes que han existido reinos y gobernantes injustos, así como simuladores y mentirosos que han dirigido y gobernado. ¿Cómo puede decir un pueblo humilde cuál es un reino con defectos pero conducido por hombres de Dios, y cuál es un reino indigno de la obediencia de los hombres? ¿Cómo puede saberlo un pueblo?

David se detuvo. Se dio cuenta de que había dado con lo que más deseaba saber.

Con pesadumbre, habló otra vez.

—Y el rey... ¿cómo puede saberlo? ¿Puede saber si él es justo? ¿Puede saber si las acusaciones son de gran valor? ¿Hay alguna indicación?

Las últimas palabras de David eran ansiosas.

—David, buscas una lista que baje del cielo. ¡Aun cuando existiera semejante lista, aun si hubiera una manera de saberlo, los hombres malvados ordenarían sus reinos de modo que se ajustaran a la lista! Y si hubiera una lista y un buen hombre cumpliera a perfección sus requisitos, habría quienes declaren que no había cumplido ni uno de los requisitos numerados en ella. David, desestimas el corazón humano.

—Entonces, ¿cómo lo sabrá el pueblo?

—No lo sabrá.

—¿Quieres decir que en medio de cien voces que presentan mil demandas, el humilde pueblo de Dios no tiene ninguna seguridad de quién sea de veras el ungido para ostentar la autoridad de Dios, y quién no lo sea?

—Nunca estará seguro.

—Entonces, ¿quién lo sabe?

—Solo Dios lo sabe; pero no lo dice.

—¿No hay entonces esperanza para los que tienen que seguir a hombres indignos?

—Sus nietos podrán verlo con claridad. Ellos lo sabrán. ¿Pero los que están enredados en el drama? Nunca estarán seguros. No obstante, algo bueno resulta de todo esto.

—¿Qué es?

—Tan cierto como que sale el sol, será examinado el corazón de los hombres. A pesar de las muchas demandas, y contrademandas, serán revelados los móviles ocultos del corazón de los comprometidos. Esto pudiera no parecer importante a juicio de los hombres, pero es fundamental ante Dios y los ángeles. Tiene que conocerse el corazón. Dios se ocupará de que se haga.

—Desprecio tales pruebas —respondió David cansadamente—. Aborrezco las noches como esta. Sin embargo, parece que él me envía muchísimas cosas a mi vida para probar mi corazón. Otra vez esta noche descubro que mi corazón está siendo probado. Sadoc, hay algo que me preocupa por encima de todo. Tal vez Dios ha terminado conmigo. ¿Hay alguna manera de saberlo?

—Buen rey, no se de ningún otro gobernante en toda la historia que siquiera hiciera la pregunta. La mayoría de los demás hombres se hubieran abalanzado sobre su adversario, o incluso su supuesto adversario, para hacerlo pedazos. Pero para responderte, no sé cómo puedes estar seguro de que Dios haya terminado o no contigo.

David suspiró y reprimió un sollozo.

—Entonces continúa con la historia. Coré tenía 252 seguidores, ¿no es así? ¿Qué sucedió después?

—Coré se acercó con su tropa a Moisés y Aarón. Le comunicó a Moisés que no tenía ningún derecho a ejercer toda la autoridad que desempeñaba.

—Bueno, los hebreos somos consecuentes, ¿no es así? —dijo riendo David.

—No, David, es consecuente el corazón del hombre —replicó Sadoc.

—Dime, ¿cuál fue la reacción de Moisés ante Coré?

—A los cuarenta años Moisés había sido un hombre soberbio y obstinado, nada diferente de Coré. No puedo decir lo que pudiera haber hecho a los cuarenta. A los ochenta años era un hombre quebrantado de corazón. Él era...

—El hombre más manso que jamás haya vivido—interrumpió David.

—El hombre que debe ser quien porta el cetro de la autoridad de Dios. De otro modo el pueblo de Dios vivirá aterrorizado. Sí, un hombre quebrantado de corazón se enfrento a Coré. Y creo que ya sabes lo que hizo Moisés, David. No hizo nada.

—Nada. ¡Ah, que clase de hombre!

—Se postró delante de Dios. Eso fue lo único que hizo.

—¿Por qué lo hizo, Sadoc?

—David, tú tienes que saberlo mejor que cualquier otro. Moisés sabía que solo Dios lo había puesto para que se encargara de Israel. No había nada que requiriera hacerse. Aquellos 253 hombres se apoderarían del reino, o Dios reivindicaría a Moisés. Y este lo sabía.

—Los hombres encontrarían difícil imitar semejante vida, ¿no es así? Sin duda que un farsante no podría simular tal entrega, ¿no es cierto? Pero dime, ¿cómo Dios reivindicó a Moisés?

—Moisés dijo a los hombres que volvieran al día siguiente con incensarios e incienso... y Dios decidiría el asunto.

—¡Bien! —grito David—. ¡Bien! —exclamó otra vez todavía más alto—. A veces Dios lo dice —dijo con entusiasmo. ¿Qué sucedió después?

—Coré y dos de sus partidarios fueron tragados por la tierra. Los otros 250 murieron por...

—No importa. Basta decir que se probó que Moisés tenía autoridad... ¡dada por Dios! ¡Dios lo dijo! El pueblo supo quién tenía realmente la autoridad de Dios, y al fin Moisés tuvo reposo.

—No, David. ¡Él no encontró reposo ni el pueblo estuvo satisfecho con la respuesta de Dios! El mismo día siguiente toda la congregación murmuró contra Moisés y todos habrían muerto a no ser por las oraciones de Moisés.

—¡Y los hombres luchan para convertirse en reyes! —David movió la cabeza con perplejidad.

Sadoc hizo una pausa y luego prosiguió.

—David, observo que estas perturbado por el interrogante de cuál es la verdadera autoridad y cuál no es. Quieres saber qué hacer con una rebelión, si en realidad es una rebelión y no la mano de Dios. Abrigo la esperanza de que encuentres lo único virtuoso que puede hacerse y que lo hagas. De tal modo que nos enseñaras a todos.

Se abrió la puerta. Abisai entró apresuradamente.

—¡Buen rey! Tu hijo, tu propia carne y sangre, se ha proclamado rey en Hebrón. A primera vista, parece que todo Israel se ha ido tras él. Se propone ocupar el trono. Marcha hacia Jerusalén. Algunos de tus amigos más íntimos se han ido tras él.

David se apartó y dijo algo para sí mismo, pero fuera del alcance de los oídos de los demás.

—¿Tercer rey de Israel? ¿Se suceden los líderes del Reino de Dios de esta manera?

Sadoc, no seguro de si debía estar oyendo las palabras de David o no, le dijo:

—¿Mi rey?

David se volvió con los ojos humedecidos por las lágrimas.

—Al fin —dijo David serenamente—, al fin se resolverá este asunto. Tal vez mañana alguien más lo sabrá además de Dios.

—Tal vez —dijo Sadoc—, pero tal vez no. Tales cuestiones pudieran debatirse aun después que todos estemos muertos.

—Con todo, eso pudiera ser mañana —dijo riendo David—. Ve, Abisai, cuéntale a Joab. Lo encontrarás en la torrecilla del muro oriental.

Abisai salió como había entrado, de prisa y furioso.

—Me pregunto, Sadoc —dijo David en tono meditativo—, si un hombre puede presionar a Dios hasta el punto que Él tenga que decirlo.

Capítulo 26

Abisai atravesó rápidamente el patio, entró por la puerta abierta junto a la torrecilla del muro oriental, y subió por la escalera de caracol. Adentro, en la parte superior de la escalera, Joab miró desde arriba a Abisai, iluminado por la luz de una antorcha, y comenzó a bajar de prisa. A la luz parpadeante de las antorchas, se encontraron los dos, examinándose ambos atentamente el rostro.

Habló Abisai.

—¿Te has enterado, Joab?

—¡Estoy enterado! La mitad de la ciudad se ha despertado con la noticia a medianoche. ¿Cómo puede ser eso, Abisai? ¡Un hijo contra su propio padre!

—Cuando los reinos son vulnerables, los hombres tienen visiones estrafalarias.

—Y sacrificarán cualquier cosa por satisfacer su ambición

—añadió Joab con enfado—. ¿Qué piensas de todo esto, Abisai?

—¿Qué pienso yo? —respondió Abisai, uniendo al enojo de Joab su propia cólera—. ¡Esto! Absalón no tiene autoridad en el reino. No posee función ni facultad alguna; pero se ha levantado para dividir el reino. Ha alzado su mano contra el mismo ungido de Dios... ¡contra David! El que nunca ha hecho ni ha hablado una sola palabra contra él.

—¿Que qué pienso? —aumentó el tono de su voz—. Esto: Si Absalón, que no tiene autoridad, comete esta acción; si Absalón, quien es una nulidad, divide el mismo reino de Dios —ahora su voz tronaba—; amigo, si Absalón hace todas estas perversidades ahora, ¿qué haría ese hombre en nombre de la sensatez si llegara a ser rey?

Capítulo 27

Otra vez David y Sadoc estaban solos.

—¿Y ahora qué harás, David? En tu juventud no pronunciaste ni una sola palabra en contra de un rey indigno. ¿Qué harás ahora con un joven igualmente indigno?

—Sadoc, como antes dije —respondió David—, estos son los momentos que más aborrezco. No obstante, frente a toda razón, juzgo en primer lugar mi propio corazón y decido en contra de sus intereses. Haré lo que hice bajo la autoridad de Saúl. Dejaré el destino del reino solamente en las manos de Dios. Pudiera ser que él haya terminado conmigo. Tal vez he pecado grandemente y no soy digno ya de conducir al pueblo. Solo Dios sabe si es así, y parece que no lo dirá.

Luego, apretando el puño, pero con un tono irónico en la voz, añadió enfáticamente.

—Pero hoy daré a las circunstancias amplio

margen para que se exprese este inexpresivo Dios nuestro. ¡No conozco otro modo de provocar tan extraordinario suceso a excepción de no hacer nada! El trono no es mío. Ni para poseerlo, ni para ocuparlo, ni para protegerlo ni para conservarlo. Abandonaré la ciudad. El trono es del Señor. No seré un estorbo para Dios. Ningún obstáculo, ninguna acción de parte mía hay entre Dios y su voluntad. No tiene nada que le impida hacer su voluntad. Si no voy a seguir siendo el rey, nuestro Dios no encontrará dificultades en hacer que Absalón sea rey de Israel. Ahora es posible. ¡Hágase la voluntad de Dios!

El verdadero rey se volvió y silenciosamente abandonó la sala del trono, el palacio, la ciudad. Caminó y caminó... hasta internarse en la intimidad propia de los hombres de corazón puro.

DISFRUTE DE OTRAS PUBLICACIONES DE EDITORIAL VIDA

Desde l946, Editorial Vida es fiel amiga del pueblo hispano a través de la mejor literatura evangélica. Editorial Vida publica libros prácticos y de sólidas doctrinas que enriquecen el caudal de conocimiento de sus lectores.

Nuestras Biblias de Estudio poseen características que ayudan al lector a crecer en el conocimiento de las Sagradas Escrituras y a comprenderlas mejor. Vida Nueva es el más completo y actualizado plan de estudio de Escuela Dominical y el mejor recurso educativo en español. Además, nuestra serie de grabaciones de alabanzas y adoración, Vida Music renueva su espíritu y llena su alma de gratitud a Dios.

En las siguientes páginas se describen otras excelentes publicaciones producidas especialmente para usted. Adquiera productos de Editorial Vida en su librería cristiana más cercana.

DEDICADOS A LA EXCELENCIA

Una vida con propósito

Rick Warren, reconocido autor de *Una Iglesia con Propósito*, plantea ahora un nuevo reto al creyente que quiere alcanzar una vida victoriosa. La obra enfoca la edificación del individuo como parte integral del proceso formador del cuerpo de Cristo. Cada ser humano tiene algo que le inspira, motiva o impulsa a actuar a través de su existencia. Y eso es lo que usted podrá descubrir cuando lea las páginas de *Una vida con propósito*.

0-8297-3786-3

Si quieres caminar sobre las aguas, tienes que salir de la barca

Cristo caminó sobre las aguas con éxito, si quieres hacerlo solo hay un requisito: *Si quieres caminar sobre las aguas, tienes que salir de la barca*. Hoy Jesús te extiende una invitación a enfrentar tus temores, descubrir el llamado de Dios para tu vida y experimentar su poder.

0-8297-3536-4

Liderazgo Eficaz

Liderazgo eficaz es la herramienta que todo creyente debe estudiar para enriquecer su función dirigente en el cuerpo de Cristo y en cualquier otra área a la que el Señor lo guíe. Nos muestra también la influencia que ejerce cada persona en su entorno y cómo debemos aprovechar nuestros recursos para influir de manera correcta en las vidas que nos rodean.

0-8297-3626-3

Liderazgo Audaz

Esta obra capta la experiencia de más de treinta años de ministerio del reconocido pastor Bill Hybels, que plantea la importancia estratégica de los dones espirituales del líder. *Liderazgo Audaz* le ofrece al líder de la iglesia local conceptos valiosos como son: convertir la visión en acción, cómo alcanzar a la comunidad, el líder que da lo mejor de sí, cómo descubrir y desarrollar un estilo de liderazgo propio y mucho más.

0-8297-3767-7

Conviértase
en un
cristiano contagioso

El curso *Conviértase en un cristiano contagioso* ofrece uno de los conceptos de evangelización más dinámicos de la actualidad, y prepara al participante para establecer una relación personal enfocada en los objetivos de ayudar en el cumplimiento de la Gran Comisión y la extensión del reino de Dios.

0-8297-2890-2 - Líder
0-8297-3710-3 - Alumno

Cosas malas en
matrimonios buenos

En *Cosas malas en matrimonios buenos*, Les y Leslie
Parrott le muestran cómo las mismas fuerzas que destruyen a
un matrimonio pueden ser catalizadoras para su recuperación
y enriquecimiento. Las historias de cónyuges que han sobrevivido a lo peor le motivarán a luchar por su matrimonio.

0-8297-3527-5

Nos agradaría recibir noticias suyas.
Por favor, envíe sus comentarios sobre este libro
a la dirección que aparece a continuación.
Muchas gracias.

Vida@zondervan.com
www.editorialvida.com